At Sylvan, we believe reading is one of life's most important and enriching abilities, and we're glad you've chosen our resources to help your child build this critically important skill. We know that the time you spend with your children reinforcing the lessons learned in school will contribute to their love of reading. This love of reading will translate into academic achievement. Successful readers are ready for the world around them, ready to do research, ready to experience the world of literature, and prepared to make the connections necessary to achieve in school and in life.

At Sylvan we use a research-based, step-by-step process in teaching reading that includes thought-provoking reading selections and activities. As students increase their success as readers they become more confident. With increasing confidence, students build even more success. Our Sylvan activity books are designed to help you to help your child build the skills and confidence that will contribute to your child's success in school.

We look forward to partnering with you to support the development of a confident, well-prepared, independent learner.

*The Sylvan Team*

Published in the United States by Random House, Inc., New York, and in Canada by Random House of Canada Limited, Toronto.

www.tutoring.sylvanlearning.com

Producer & Editorial Direction: The Linguistic Edge
Writer: Erin Lassiter
Cover and Interior Illustrations: Duendes del Sur
Layout and Art Direction: SunDried Penguin

First Edition

Kit ISBN: 978-0-307-94613-3

This book is available at special discounts for bulk purchases for sales promotions or premiums. For more information, write to Special Markets/ Premium Sales, 1745 Broadway, MD 6-2, New York, New York 10019 or e-mail specialmarkets@randomhouse.com.

PRINTED IN CHINA

10 9 8 7 6 5 4 3 2 1

# Sylvan
### Learning sm

# Kindergarten
# Word Games

## Pond Crossing

DRAW a line through the words that end in **-ad** to help the frog jump across the pond.

-ad

## Word Hunt

CIRCLE the words in the grid that end in **-ag**.
Words go across and down.

# -ag

| bag | rag | sag | tag | wag |

| a | e | z | x | d | s | h |
|---|---|---|---|---|---|---|
| w | y | u | r | e | a | c |
| a | c | r | a | s | g | p |
| g | b | v | g | j | k | w |
| i | l | m | h | e | t | s |
| b | a | g | y | t | f | h |
| o | r | v | u | a | b | k |
| t | n | i | s | g | q | d |

## Find the Path

DRAW a line through the words that end in
**-am** to help the ram down the mountain.

-am

Start

ram

rag

nag

wag

bag

dam

yam

fat

tag

rat

jam    mat

pat

ham    hat

End

# Mystery Picture

FIND the spaces with the words that sound like **ham**. COLOR those spaces blue to see the mystery picture.

HINT: You can see me in the sky at night. I am a dot of twinkling light.

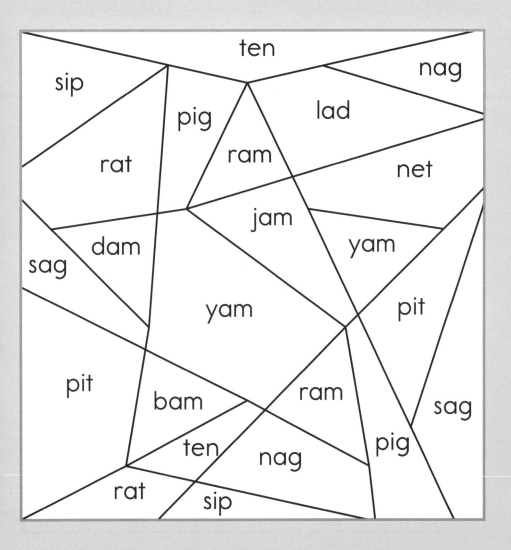

## Word Hunt

CIRCLE the words in the grid that end in **-an**.
Words go across and down.

| pan | can | fan | man | ran |

| b | e | z | m | p | r | i |
|---|---|---|---|---|---|---|
| k | d | g | w | t | a | o |
| p | a | n | c | s | n | h |
| u | q | f | c | j | l | n |
| m | v | x | a | e | b | y |
| a | u | g | n | k | r | l |
| n | p | d | o | m | i | c |
| f | w | q | b | f | a | n |

## Find the Path

DRAW a line through the words that end in
**-at** to help the bat get to the cave.

## Word Hunt

CIRCLE the words in the grid that end in **-en**.
Words go across and down.

| den | ten | pen | men | hen |
|-----|-----|-----|-----|-----|

| a | r | t | p | e | n | u |
|---|---|---|---|---|---|---|
| h | e | n | v | s | c | m |
| p | l | h | i | b | o | y |
| n | k | j | w | d | e | n |
| u | m | f | q | v | z | d |
| r | e | q | b | k | h | t |
| o | n | p | g | r | l | e |
| k | u | y | x | s | c | n |

## Unscramble the Rhymes

UNSCRAMBLE the letters to write a rhyme for each picture.

## neh          npe

_____    _____

- - - - - - - - - - -    - - - - - - - - - - -

_____    _____

## atb          hta

_____    _____

- - - - - - - - - - -    - - - - - - - - - - -

_____    _____

## Find the Path

DRAW a line through the words that end in
**-et** to help the fish swim to her friends.

-et

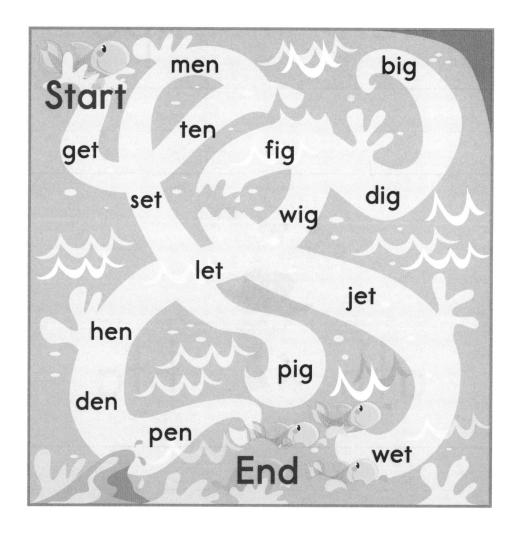

Start

men

big

ten

get

fig

set

dig

wig

let

jet

hen

den

pig

pen

End

wet

# Word Hunt

CIRCLE the words in the grid that end in **-ig**.
Words go across and down.

| wig | pig | fig | big | dig | jig |

| p | d | f | j | i | g | r |
|---|---|---|---|---|---|---|
| i | q | e | m | n | s | a |
| g | p | h | r | b | i | u |
| v | x | w | a | i | o | w |
| f | i | g | e | g | t | i |
| s | r | n | c | p | e | g |
| u | b | d | i | g | k | x |
| y | f | e | n | f | q | r |

## Find the Path

DRAW a line through the words that end in **-in** to help the tiger through the grass.

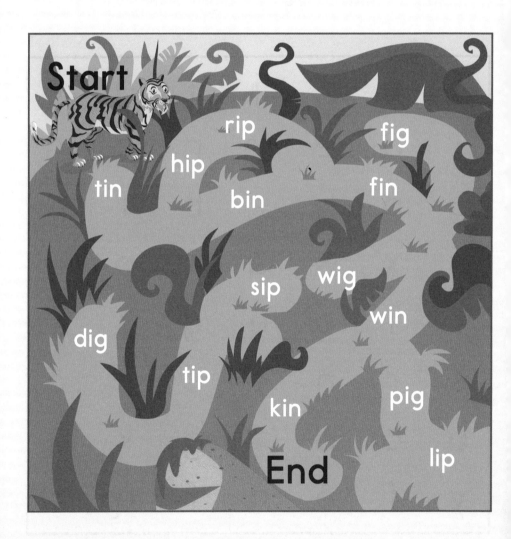

## Mystery Picture

FIND the spaces with words that sound like **pet**. COLOR those spaces red to see the mystery picture.

HINT: I am a fruit from a tree. I crunch when you bite into me.

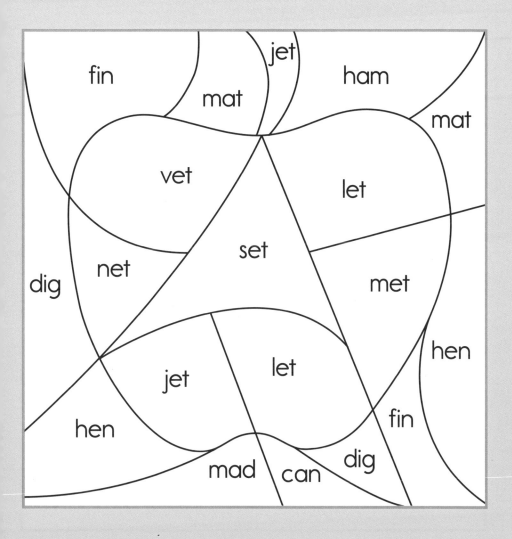

## Word Hunt

CIRCLE the words in the grid that end in **-ip**.
Words go across and down.

| dip | hip | lip | rip | tip | zip |
|-----|-----|-----|-----|-----|-----|

| | | | | | | |
|---|---|---|---|---|---|---|
| d | o | q | r | i | p | k |
| i | m | a | w | b | d | r |
| p | o | n | p | l | u | h |
| c | u | y | g | i | e | z |
| h | i | p | v | p | s | i |
| w | k | u | q | c | g | p |
| a | p | t | i | p | j | t |
| r | m | y | b | h | x | e |

## Find the Path

FOLLOW the path marked with words ending in
-it to help the mouse get the cheese.

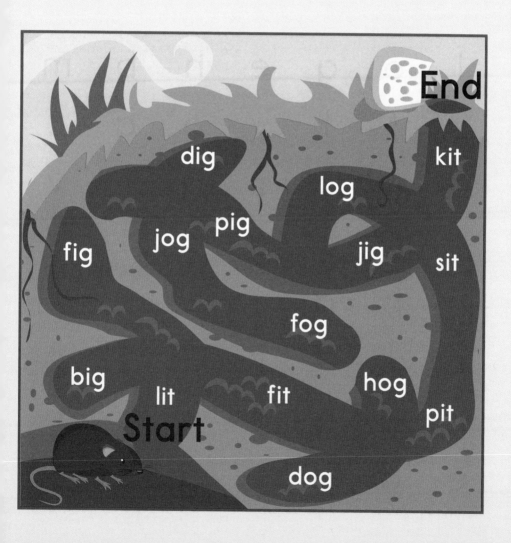

## Word Hunt

CIRCLE the words in the grid that end in **-og**.
Words go across and down.

# -og

| bog | dog | fog | hog | jog | log |

| l | o | g | e | h | b | m |
|---|---|---|---|---|---|---|
| x | f | l | y | o | a | c |
| d | n | k | z | g | r | v |
| t | b | o | g | s | i | d |
| q | p | a | j | w | u | o |
| b | l | v | r | f | t | g |
| j | o | g | s | o | c | h |
| e | d | p | y | g | x | i |

## Unscramble the Rhymes

UNSCRAMBLE the letters to write a rhyme for each picture.

odg

goj

_____

- - - - - - - - - - -

_____

gip

ijg

_____

- - - - - - - - - - -

_____

## Find the Path

DRAW a line through the words that end in **-op** to help the kangaroo hop to the top of the hill.

-op

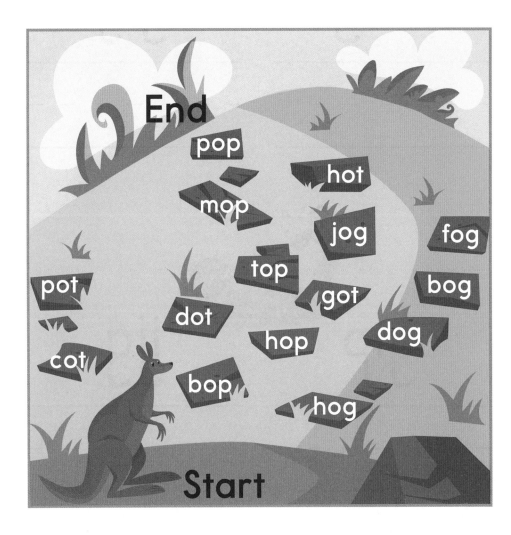

End
pop
hot
mop
jog
fog
top
pot
got
bog
dot
dog
hop
cot
dog
bop
hog
Start

## Word Hunt

CIRCLE the words in the grid that end in **-ot**.
Words go across and down.

| lot | pot | rot | hot | not | dot |
|-----|-----|-----|-----|-----|-----|

| a | z | q | c | l | r | k |
|---|---|---|---|---|---|---|
| e | n | b | l | f | o | m |
| s | o | d | o | u | t | x |
| f | t | m | t | v | w | p |
| h | j | u | a | p | i | o |
| r | c | h | o | t | s | t |
| y | q | g | f | o | h | l |
| d | o | t | t | v | f | a |

## Find the Path

DRAW a line through the words that end in **-ow** to help the girl row the boat to shore.

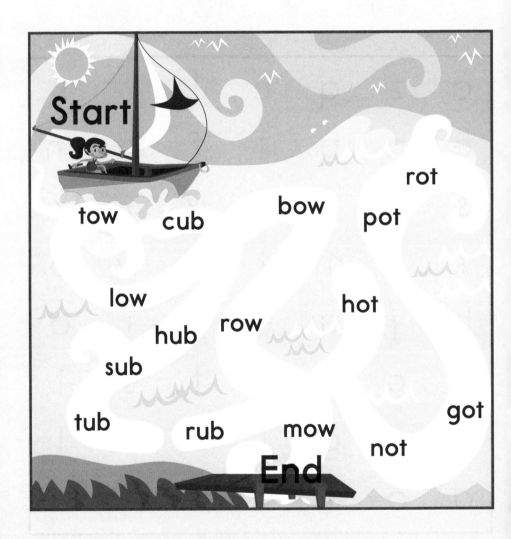

## Mystery Picture

FIND the spaces with words that sound like **hot**. COLOR those spaces orange to see the mystery picture.

HINT: I am orange and fun to munch. I am a good part of lunch.

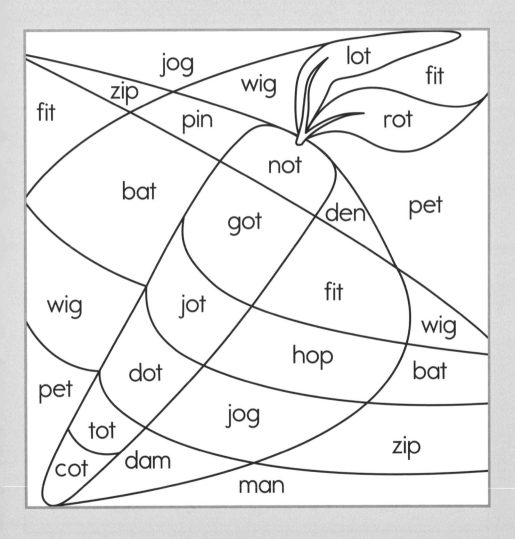

## Word Hunt

CIRCLE the words in the grid that end in **-ub**.
Words go across and down.

| cub | hub | rub | sub | tub |
|-----|-----|-----|-----|-----|

| | | | | | | |
|---|---|---|---|---|---|---|
| a | l | t | t | u | b | k |
| s | p | e | b | m | o | q |
| j | s | u | b | c | h | i |
| g | v | d | w | f | z | r |
| u | c | r | x | k | i | u |
| c | o | h | u | b | y | b |
| u | a | l | v | d | x | e |
| b | d | n | r | z | u | f |

## Find the Path

DRAW a line through the words that end in **-ug** to help the bug cross the rug.

# -ug

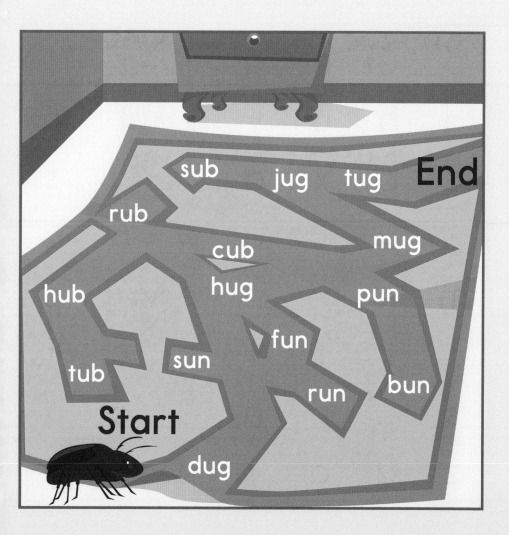

## Word Hunt

CIRCLE the words in the grid that end in **-un**.
Words go across and down.

| bun | fun | run | sun | pun |
|-----|-----|-----|-----|-----|

| | | | | | | |
|---|---|---|---|---|---|---|
| b | u | n | g | i | r | t |
| a | h | u | y | k | f | n |
| c | p | x | q | o | u | s |
| d | u | l | p | w | n | z |
| m | n | y | n | e | v | p |
| t | r | f | l | r | c | f |
| s | u | n | h | u | q | x |
| z | a | d | i | n | b | e |

## Find the Path

DRAW a line through the words that end in **-ut** to help the squirrel get the nut.

# -ut

End

bun    got    dot    rut

pun

pot    nut

but

hot

sun

cot    run    fun

hut

cut    Start

## Color by Rhyme

COLOR each part of the picture.

 = words that sound like **tug**

 = words that sound like **tub**

 = words that sound like **run**

 = words that sound like **hut**

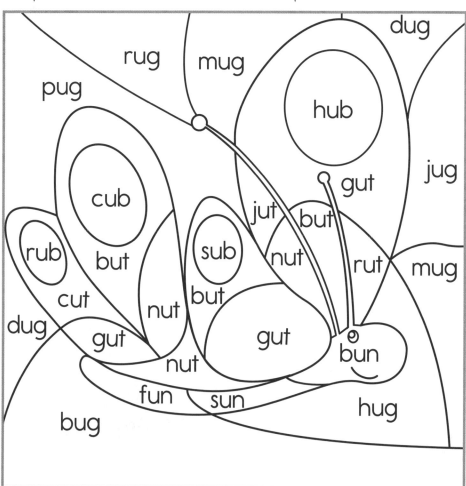

## Unscramble the Rhymes

UNSCRAMBLE the letters to write a rhyme for each picture.

usn        nuf

_____        _____

- - - - - - -        - - - - - - -

_____        _____

ctu        ntu

_____        _____

- - - - - - -        - - - - - - -

_____        _____

# Answers

**Page 2**

**Page 3**

| a | e | z | x | d | s | h |
|---|---|---|---|---|---|---|
| w | y | u | r | e | a | c |
| a | c | r | a | s | g | p |
| g | b | v | g | j | k | w |
| i | l | m | h | e | t | s |
| b | a | g | y | t | f | h |
| o | r | v | u | a | b | k |
| t | n | i | s | g | q | d |

**Page 4**

**Page 5**

**Page 6**

| b | e | z | m | p | r | i |
|---|---|---|---|---|---|---|
| k | d | g | w | t | a | o |
| p | a | n | c | s | n | h |
| u | q | f | c | j | l | n |
| m | v | x | a | e | b | y |
| a | u | g | n | k | r | l |
| n | p | d | o | m | i | c |
| f | w | q | b | f | a | n |

**Page 7**

**Page 8**

| a | r | t | p | e | n | u |
|---|---|---|---|---|---|---|
| h | e | n | v | s | c | m |
| p | l | h | i | b | o | y |
| n | k | j | w | d | e | n |
| u | m | f | q | v | z | d |
| r | e | q | b | k | h | t |
| o | n | p | g | r | l | e |
| k | u | y | x | s | c | n |

**Page 9**
hen pen, bat hat

**Page 10**

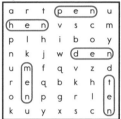

**Page 11**

| p | d | f | j | i | g | r |
|---|---|---|---|---|---|---|
| i | q | e | m | n | s | a |
| g | p | h | r | b | i | u |
| v | x | w | a | i | o | t |
| f | i | g | e | g | t | w |
| s | r | n | c | p | e | i |
| u | b | d | i | g | k | g |
| y | f | e | n | f | q | x |
| | | | | | | r |

**Page 12**

**Page 13**

**Page 14**

| d | o | q | r | i | p | k |
|---|---|---|---|---|---|---|
| i | m | a | w | b | d | r |
| p | o | n | p | l | u | h |
| c | u | y | g | i | e | z |
| h | i | p | v | p | s | i |
| w | k | u | q | c | g | p |
| a | p | t | i | p | j | t |
| r | m | y | b | h | x | e |

**Page 15**

**Page 16**

| l | o | g | e | h | b | m |
|---|---|---|---|---|---|---|
| x | f | l | y | o | a | c |
| d | n | k | z | g | r | v |
| t | b | o | g | s | i | d |
| q | p | a | j | w | u | o |
| b | l | v | r | f | t | g |
| j | o | g | s | o | c | h |
| e | d | p | y | g | x | i |

# Answers

**Page 17**
dog jog, pig jig

**Page 18**

**Page 19**

| | | | | | | |
|---|---|---|---|---|---|---|
| a | z | q | c | l | r | k |
| e | n | b | l | f | o | m |
| s | o | d | o | u | t | x |
| f | t | m | t | v | w | p |
| h | j | u | a | p | i | o |
| r | c | h | o | t | s | t |
| y | q | g | f | o | h | l |
| d | o | t | t | v | f | a |

**Page 20**

**Page 21**

**Page 22**

| | | | | | | |
|---|---|---|---|---|---|---|
| a | l | t | t | u | b | k |
| s | p | e | b | m | o | q |
| j | s | u | b | c | h | i |
| g | v | d | w | f | z | r |
| u | c | r | x | k | i | u |
| c | o | h | u | b | y | b |
| u | a | l | v | d | x | e |
| b | d | n | r | z | u | f |

**Page 23**

**Page 24**

| | | | | | | |
|---|---|---|---|---|---|---|
| b | u | n | g | i | r | t |
| a | h | u | y | k | f | n |
| c | p | x | q | o | u | s |
| d | u | l | p | w | n | z |
| m | n | y | n | e | v | p |
| t | r | f | l | r | c | f |
| s | u | n | h | u | q | x |
| z | a | d | i | n | b | e |

**Page 25**

**Page 26**

**Page 27**
sun fun, cut nut

29